FRANZ BRANDL

Die 100 schnellsten
Cocktails der Welt

FRANZ BRANDL

Die 100 schnellsten Cocktails der Welt

Inhalt

6 **Vorwort**

9 **Cocktails mit Gin**
Gin stellt die Basis für viele weltbekannte Drinks, und keine andere Spirituose konnte ihm seinen Platz streitig machen.

23 **Cocktails mit Wodka**
Wodka, das »Wässerchen«, hat seine Ursprungsländer Russland und Polen längst verlassen und wird nicht mehr nur pur getrunken.

39 **Cocktails mit Rum**
Nicht nur die berühmten Kubadrinks werden mit ihm gemixt, Rum bietet auch die Basis für unzählige Tropicaldrinks.

47 **Cocktails mit Tequila**
Schon lange ist die Geschichte vom »harten« Stoff nur noch ein Gerücht. Tequila präsentiert sich heute als edle Spirituose.

55 **Cocktails mit Cognac**
Cognac, der König unter den Weinbränden, ist unglaublich vielfältig, und viele Cocktailklassiker auf seiner Basis überzeugen bis heute.

65 **Cocktails mit Whisky & Whiskey**
Die Vielfalt der Whiskys ist zahllos, und ebenso spektakulär sind die Möglichkeiten, die sie zum Mixen bieten.

75 **Cocktails mit Champagner**
Champagner ist immer die richtige Wahl. Viele international berühmte Mixrezepte wurden mit ihm entwickelt und sind bis heute aktuell.

85 **Cocktails mit großen Marken**
Die heutige Welt der Spirituosen und Liköre ist reichhaltig wie nie zuvor und ermöglicht Rezeptkreationen in unglaublicher Vielfalt.

127 **Cocktailregister**

128 **Impressum**

Vorwort

Lieber Cocktailfreund,

mit dem hier vorliegenden Buch wurde erstmals ein ganz neuer Weg beschritten, denn es werden nur Drinks mit zwei oder drei Zutaten vorgestellt. Seit jeher war der Sinn des Mixens eine Alkoholreduzierung, oder man versuchte, durch das Zusammenfügen mehrerer Komponenten, das Optimum an Geschmack herauszuholen – oder auch den Alkohol zu überdecken. Nachdem man ab den 1980er-Jahren begann, viele neue Drinks mit immer mehr Zutaten zu kreieren, kehrte man dagegen vor einigen Jahren doch wieder zum Ursprünglichen und Einfachen zurück. Vorbei ist die Zeit, in der man glaubte, man müsse eine Spirituose mit drei Sirupen und fünf Fruchtsäften »töten«.

Den Anlass zur damals ausufernden Entwicklung schuf das Angebot an vielen neuartigen Spirituosen, Likören, Sirupen und Fruchtsäften. Diese Entwicklung ermöglichte jedoch auch das Mixen weltbekannter Klassiker, die vorher aufgrund der fehlenden Zutaten nicht machbar waren. Weltberühmte Drinks wie Piña Colada waren somit erst ab 1974 durch die Cream of Coconut und Caipirinha sogar erst ab den 1990er-Jahren mit dem dauerhaften Import von Limetten auch bei uns möglich.

Ein Meilenstein war auch das sogenannte Cassis-Urteil des Europäischen Gerichtshofs von 1978. Dies besagte dass jedes in einem EU-Mitgliedsland nach den Gesetzen des Landes rechtmäßig hergestellte Produkt zur Einfuhr zugelassen werden muss, auch wenn es nicht den Vorschriften des einführenden Landes entspricht. Ab dieser Zeit musste z. B. der französische Cassislikör nicht mehr mit Alkohol verstärkt, sondern konnte in der niedrigeren Originalstärke importiert werden. Dieses Urteil öffnete den deutschen Markt auch für die damals neu entwickelten Creamliköre. Auch bis dahin nicht verfügbare niedrigprozentige Liköre kamen damit auf den Markt und belebten die Fantasie der

Mixer. Nun war es möglich, mit dem Geschmack von Melonen, Pfirsichen oder Maracujas neue Rezepte zu entwickeln. Bis dahin zeichnete sich das Angebot an Mixdrinks vor allem durch Tristesse und Monotonie aus. Die Drinks waren entweder Gelb (durch Orangensaft) oder Rot (durch Grenadine). Die Farbe Blau stand für Kopfschmerzen und nicht wie heute für Karibik, Strand und Urlaub. Grüne Drinks waren nur durch Pfefferminzlikör möglich, und der war, mit wenigen Ausnahmen wie dem Grasshopper, bei uns wenig beliebt. Bis vor dreißig Jahren gab es letztendlich auch nur wenige Sirupe, und mit den neuen Sorten begann auch die Zeit der alkoholfreien Mixgetränke.

Die 100 Drinks in diesem Buch habe ich in acht Basisgruppen geordnet und bei der Rezeptauswahl darauf geachtet, dass die Zutaten gut erhältlich sind. Zucker, Honig, Sodawasser und Gewürze wie z. B. Pfeffer oder Tabasco habe ich nicht als Zutat gezählt. Sie sind ohnehin in jedem Haushalt zu finden. Die Dekoration hat meist keinen Einfluss auf den Geschmack des Drinks und zählt somit auch nicht als Zutat.

Im Grunde kommt man beim Mixen mit den drei wichtigsten Komponenten, nämlich dem Basisprodukt, meist eine Spirituose, und süß/sauer aus (Whisky Sour, Daiquiri, Caipirinha). Weitere Grundkombinationen bestehen aus einer Spirituose und einem Vermouth oder Aperitifwein (Martini Cocktail, Manhattan) oder einer Spirituose mit einem süßen Begleiter (B and B). Auch für viele Sahnedrinks (Brandy Alexander, Grasshopper) benötigt man nur drei Zutaten. Auch bei neuen Kreationen sollte man mit drei Zutaten beginnen. Steht diese Basis, kann man immer noch mit einer weiteren Komponente abrunden.

Mit einem herzlichen »shake it easy«
Ihr Barmeister

Franz Brandl

Cocktails mit Gin

Der anpassungsfähige Gin ist die klassische Mixspirituose. Er stellt die alkoholische Basis für den Martini Cocktail, den meistgetrunkenen Cocktail überhaupt. Auch bei den Longdrinks ist der Gin Tonic die unbestrittene Nummer eins. Seine weiche Note und sein von Wacholder und weiteren »Botanicals« bestimmtes Aroma prägen unverkennbar jeden Drink.

Gin

Der Gin ist ein direkter »Nachfahre« des holländischen Genever, hat sich aber in England ab 1700 so eigenständig fortentwickelt, dass man zu Recht seinen Ursprung der Insel zuspricht. Der Name Genever leitet sich von »Genièvre«, der französischen Bezeichnung für Wacholder, ab und wurde in England zu Gin. Wacholder war und ist bis heute seine prägende Zutat und sein wesentlichstes Erkennungsmerkmal. Im späten 17. und frühen 18. Jahrhundert erlebte die Produktion von Gin einen ungeheueren Aufschwung, und die damals billigste aller Spirituosen wurde bald als »Mutters Ruin« bekannt und berüchtigt. Erst 1743 nahm sich eine verantwortungsvollere Gesetzgebung der schlimmen Zustände an. Die Erhebung von Steuern und die Kontrolle des Handels führten zum Niedergang der Hinterhofdestillen, und die allgemeine Qualität des Gins verbesserte sich. Der nächste große Schritt erfolgte 1830, als ein neu erfundener Destillierapparat, die »Coffey Still«, zum Einsatz kam. Das Prinzip der nun möglichen Destillation war das Vorreitermodell der heutigen Destillieranlagen. Der nun kultivierte Gin spielte in den im 19. Jahrhundert aufkommenden Bars eine bedeutende Rolle und auch außerhalb Englands verbreitete sich der Gin rasch. Unterstützt wurde seine Verbreitung durch das 1897 von Johann Jacob Schweppe entwickelte Tonic Water und durch die modern gewordenen Cocktails. Früher wurde Gin aus Korndestillaten hergestellt, heute muss es sehr hoch ausgebrannter (96% vol.) neutraler Alkohol landwirtschaftlichen Ursprungs sein. Dieser wird mit Wasser auf 60% vol. reduziert und zusammen mit Wacholderbeeren und sogenannten »Botanicals« – Anis, Angelika, Fenchel, Kalmus, Koriander, Orangen, Zimt, Zitronen u. a. – noch einmal destilliert. Der Mindestalkoholgehalt von Gin beträgt 37,5% vol. Manche Marken gibt es mit einer niedrigeren und einer höheren Grädigkeit. Diese bewegt sich meist zwischen 40% vol. und 47% vol., reicht aber auch bis 50% vol.

The Botanist – Islay Dry Gin

Bis zum Ende des letzten Jahrtausends erfuhr der Gin, obwohl er eine der wichtigsten Barspirituosen ist, wenig Aufmerksamkeit, und das Angebot war auf die großen, wenn auch wenigen Sorten beschränkt. Diese unterschieden sich durch ein mehr oder weniger starkes Wacholderaroma und den Alkoholgehalt. Nach dem Ausklingen des vorhergehenden Wodka-Booms erwachte das Interesse am Gin und den vielfältigen Möglichkeiten seiner Aromatisierung. Neueste Zahlen besagen, dass 2016 inzwischen weltweit etwa 600 Marken angeboten werden. Um sich von den klassischen Marken zu unterscheiden, experimentierte man mit bisher nicht verwendeten Botanicals und schuf damit eine Gin-Welt mit ungeheurer Sorten- und Geschmacksvielfalt. Viele der neuen Gins konnten sich nicht durchsetzen oder ihre Verbreitung blieb auf die Hersteller-Region beschränkt. Einige jedoch erreichten ihr Ziel und sind heute auf den internationalen Märkten zu finden. Darunter der »The Botanist«. Hersteller ist die renommierte Islay-Whisky-Destillerie Bruichladdich. Dessen legendärer Master-Distiller und Destillerie-Manager Jim McEwan stellte im Jahr 2010 mit »The Botanist« den ersten und bisher einzigen Islay-Gin vor. Neben neun klassischen Gin-Gewürzen kommen weitere 22, auf der Hebrideninsel wild wachsende Botanicals zum Einsatz. Auch die außergewöhnliche Design-Flasche ist eine Novität. Auf ihr findet man alle Pflanzennamen, eingeprägt in lateinischen Lettern. »The Botanist« wird mit 46% vol. Alkoholgehalt angeboten.

Gin Tonic

4 - 6 cl Gin

kaltes Tonic Water

½ Zitronen- oder
Limettenscheibe

Zubereitung Einige Eiswürfel in ein Longdrinkglas geben und den Gin dazugießen. Mit kaltem Tonic Water auffüllen. Eine halbe Zitronen- oder Limettenscheibe als Garnitur und einen Stirrer dazugeben.

Cranberry Cooler

6 cl Gin

12 cl Orangensaft

2 cl Cranberrysirup

½ Orangenscheibe

Zubereitung Ein Longdrinkglas mit grob zerschlagenen Eiswürfeln füllen. Gin und Orangensaft dazugeben und mit einem Barlöffel gut verrühren. Den Cranberrysirup darübergießen. Eine halbe Orangenscheibe als Garnitur und Trinkhalme dazugeben.

Martini Cocktail

Foto Seite 8

6 cl Gin

1 cl Vermouth Dry

1 grüne Olive mit Stein oder
1 Stück Zitronenschale

Zubereitung In ein Rührglas trockene Eiswürfel geben. Gin und Vermouth Dry dazugießen und mit einem Barlöffel gut verrühren. Dann in ein vorgekühltes Martiniglas abgießen. Eine grüne Olive dazugeben oder mit einer Zitronenschale abspritzen.

Anmerkung *Der herbe und alkoholstarke Martini Cocktail gilt als König der Cocktails. Jeder Martinitrinker schwört auf sein persönliches Mischungsverhältnis von Gin und Vermouth.*

Caruso

3 cl Gin

1 cl Crème de Menthe grün

2 cl Vermouth Dry

Zubereitung In ein Rührglas Eiswürfel geben. Gin, Crème de Menthe und Vermouth Dry dazugießen und mit einem Barlöffel gut verrühren. In ein vorgekühltes Cocktailglas abgießen. Diesen einfachen, aber hoch aromatischen Drink kann man auch direkt in einem kleinen Tumbler mit Eiswürfeln anrichten.

Anmerkung *Manche Rezepte geben die Verwendung der Zutaten in drei gleichen Teilen an. Wer die Frische der Pfefferminze liebt, kann auch nur diesen Anteil erhöhen.*

Gimlet

4 cl Gin
2 cl Rose's Lime Juice
Limettenschale

Zubereitung In ein Rührglas trockene Eiswürfel geben. Gin und Rose's Lime Juice dazugießen und mit einem Barlöffel gut verrühren. Dann in ein vorgekühltes Cocktailglas abgießen. Mit einem Stück Limettenschale abspritzen.

Anmerkung *Gimlets werden in den unterschiedlichsten Bemessungen gemixt. Die Bandbreite reicht vom Verhältnis 5:1 bis zur milden Variante mit gleichen Teilen. Gimlets eignen sich hervorragend als Aperitif. Dafür sorgt die Säure des Limettensirups von Rose's, der übrigens der erste konservierte Fruit Drink der Welt war.*

Bijou

2 cl Gin
2 cl Chartreuse grün
2 cl Vermouth Dry

Zubereitung In ein Rührglas Eiswürfel geben und Gin, Chartreuse und Vermouth Dry dazugießen. Mit einem Barlöffel gut verrühren und in ein vorgekühltes Cocktailglas abgießen. Diesen einfachen, aber aromatischen Drink kann man auch direkt in einem Tumbler mit Eiswürfeln anrichten.

Anmerkung *Einen nahen Bezug zum Bijou hat das Rezept des Alaska. Dieser besteht aus 4 cl Gin und 2 cl Chartreuse gelb. Bei beiden Rezepten prägt die Chartreuse die Intensität der Drinks.*

Gin Sour

links im Foto

5 cl Gin

3 cl Zitronensaft

2 cl Zuckersirup

½ Orangenscheibe und
1 Cocktailkirsche

Zubereitung Gin, Zitronensaft und Zuckersirup im Shaker mit Eiswürfeln kräftig schütteln und in ein kleines Stielglas oder in einen kleinen Tumbler auf einige Eiswürfel abgießen. Orangenscheibe und Cocktailkirsche als Garnitur dazugeben.

Anmerkung Der Gin Sour ist einer der »großen Drei« der Gin-Zitrone-Zucker-Rezepte, zu denen auch Gin Fizz und Tom Collins zählen. Diese bestehen aus den gleichen Zutaten, werden aber mit Soda Water aufgefüllt. Der Gin Fizz wird ohne Eiswürfel in einem mittelgroßen Becherglas, der Tom Collins in einem Longdrinkglas mit Eiswürfeln angerichtet. Dazu kommen beim Tom Collins eine halbe Orangenscheibe und eine Cocktailkirsche.

Silver Jubilee

rechts im Foto

4 cl Gin

2 cl Crème de Banane

4 cl Sahne

Zubereitung Gin, Crème de Banane und Sahne im Shaker mit Eiswürfeln kräftig schütteln und in eine Cocktailschale abgießen.

Anmerkung Ein milder Drink auf der Basis Spirituose-Likör-Sahne mit feinem Bananengeschmack. Bereits in den 1960er-Jahren war der Silver Jubilee neben dem Brandy Alexander und dem Grasshopper ein Begriff.

White Lady
links im Foto

4 cl Gin

2 cl Cointreau

2 cl Zitronensaft

Zitronenschalenspirale

Zubereitung Gin, Cointreau und Zitronensaft im Shaker mit Eiswürfeln kräftig schütteln und in eine Cocktailschale abgießen. Eine Zitronenschalenspirale als Garnitur dazugeben.

Anmerkung *Die White Lady zählt zu den Top Ten der Cocktailgeschichte. Bereits 1930 wurde die White Lady mit dieser Rezeptur im berühmten »Savoy Cocktail Book« erstmals erwähnt. Eine farbigere Variante ist die Blue Lady. Für sie wird der Cointreau durch Curaçao Blue ersetzt. Als Garnitur eignet sich für beide eine Zitronenschalenspirale*

Paradise
rechts im Foto

4 cl Gin

2 cl Apricot Brandy

2 cl frisch gepresster Orangensaft

½ Orangenscheibe

Zubereitung Gin, Apricot Brandy und Orangensaft im Shaker mit Eiswürfeln kräftig schütteln und in eine Cocktailschale abgießen. Eine halbe Orangenscheibe als Garnitur dazugeben.

Anmerkung *Eine mildere Variante der White Lady und wie diese ebenfalls bereits 1930 im »Savoy Cocktail Book« erwähnt.*

Cocktails mit Wodka

Wodka, das »Wässerchen«, ist das Nationalgetränk Russlands, doch auch Polen beansprucht die Ehre der Urheberschaft. Erst ab den 1960er-Jahren wurde der Wodka auch im Westen salonfähig und neben dem Gin zur wichtigsten »weißen« Spirituose an der Bar. Einen Großteil seines Erfolgs verdankt er seiner Neutralität und seiner Anpassungsfähigkeit.

Wodka

Die Wodkakultur entwickelte sich in Russland und Polen wahrscheinlich parallel, und bis Anfang des 20. Jahrhunderts war Wodka nur in diesen beiden Ländern bekannt. Erst nach dem Ersten Weltkrieg begannen russische Emigranten außerhalb ihrer Heimat mit der Wodkaproduktion. Das Land mit den meisten und größten Erzeugern ist nach wie vor Russland. Da die Herstellung von Wodka überall möglich ist, entstanden in vielen westlichen Ländern, hauptsächlich in Skandinavien, den USA und Großbritannien, neue Wodkamarken, die heute zu den meistverkauften Spirituosen zählen. Wodka ist die reinste und neutralste klare Spirituose und hat weder Aroma, Bouquet noch einen speziellen Geschmack. Alles was herkömmliche Spirituosen auszeichnet, fehlt ihm, und jeder Hersteller versucht, diesem Ziel möglichst nahezukommen. Man brennt Wodka hauptsächlich aus Getreide, meist Roggen oder Weizen, und seltener aus Kartoffeln. Roggenwodkas gelten als kräftiger, Weizenwodkas als am saubersten und Kartoffelwodkas im Allgemeinen als schwerer und wuchtiger. Die Wahl des Rohstoffes, die Art der Destillation, das Filtern und schließlich auch der jeweilige Wassertyp sind die wesentlichen Faktoren bei seiner Herstellung. Es wird in der Regel zweimal, manchmal auch dreimal destilliert, und der Alkohol ist nach dem Brennen hochprozentig und rein. Dieser wird gefiltert (meist über Holzkohle) und auf Trinkstärke (mindestens 37,5% vol.) herabgesetzt. Neben den klassischen wasserklaren Wodkas werden auch aromatisierte Sorten hergestellt. Die ursprünglichsten sind Zubrovka (Grasovka), der mit kumarinhaltigem Büffelgras aromatisiert wird, und Pertsovka, dessen Aroma von Pfefferschoten und Kubebenpfeffer stammt. Zu diesen gesellten sich ab Mitte der 1990er-Jahre zahlreiche mit Früchten aromatisierte Sorten. Mittlerweile gibt es auch Vanillewodka, und man ist sich sicher, dass diesem noch weitere exotische Sorten folgen werden.

Russische und polnische Wodkas

Trotz der großen Vielfalt gilt vielen, besonders den pur Trinkenden, nur der russische Wodka als »der echte Wodka«. Der rein russische **MOSKOVSKAYA** genießt in Deutschland den höchsten Bekanntheitsgrad und zählt durch seine Präsenz seit 1965 zu den Urgesteinen der Wodkakultur. Für ihn stellen Roggen und Roggenmalz den Grundstoff, und einer dreimaligen Filtrierung durch Holzkohle und Quarz verdankt er seine Reinheit. Die größte und international meistverbreitete russische Wodkamarke ist der seit den 1950er-Jahren hergestellte **STOLICHNAYA**. Für den Export-Stolichnaya sind Weizen und ein kleinerer Anteil Roggen die Basis. Zur Milderung wird der Brand mit etwas Zucker versetzt, bevor er dann dreifach über Aktivkohle aus Birkenholz und Quarz gefiltert wird. Stolichnaya schmeckt durch diese dezente Zuckerung sehr mild. Vor einigen Jahren wurde der **STOLICHNAYA »ELIT«** eingeführt. Dieser Ultra-Premium-Wodka wird nach speziellen Verfahren in der Destillationstechnik und der Filtrierung nach modernsten Erkenntnissen hergestellt. Ein Klassiker ist der polnische **GRASOVKA**. Diesem »Bison Brand Vodka« wird ein Halm eines in Ostpolen wachsenden Steppengrases zugegeben und der Wodka damit aromatisiert. Die in Polen lebenden Büffel (polnisch »Zubr«) lieben dieses Gras, daher die Bezeichnung »Zubrovka«. Das kumarinhaltige Gras verleiht dem Zubrovka/Grasovka einen milden Waldmeistergeschmack und den leichten Farbton.

Woo Woo

3 cl Wodka

2 cl Pfirsichlikör

12 cl Cranberrynektar

1 Stück Pfirsich

Zubereitung   Wodka, Pfirsichlikör und Cranberrynektar im Shaker mit Eiswürfeln gut schütteln und in ein Longdrinkglas auf Eiswürfel abgießen. Ein Pfirsichstück als Garnitur dazugeben.

Anmerkung   *Dieser fruchtige Drink ist eine der vielen Varianten des populären Klassikers Sex on the Beach, dessen Rezept zusätzlich Orangensaft enthält.*

Moscow Mule

Foto Seite 22

2 Limettenviertel

6 cl Wodka

kaltes Ginger Beer (Original) oder Ginger Ale

Limettenschale

Zubereitung Einen Kupferkrug oder ein großes Glas zur Hälfte mit Eiswürfeln füllen. Den Saft der Limettenviertel darüber auspressen und die Limettenstücke dazugeben. Den Wodka dazugießen und mit Ginger Beer oder Ginger Ale auffüllen. Mit einer Limettenschale garnieren.

Caipirovka

1 Limette

6 cl Wodka

2 Barlöffel weißer, ersatzweise brauner Rohrzucker

Zubereitung Die Limette in acht Teile zerschneiden und in einem großen Tumbler mit einem Holzstößel ausdrücken. Wodka und Rohrzucker dazugeben und mit einem Barlöffel vermischen. Das Glas mit Eiswürfeln oder grob zerschlagenen Eisstücken füllen und nochmals gut vermischen.

Anmerkung *Der Caipirovka ist der nächste »Verwandte« des original Caipirinha (Rezept Seite 90).*

Screwdriver

5 cl Wodka

12 cl frisch gepresster Orangensaft

½ Orangenscheibe

Zubereitung Ein Longdrinkglas zur Hälfte mit Eiswürfeln füllen und den Wodka dazugießen. Mit Orangensaft auffüllen und mit einem Barlöffel gut umrühren. Eine halbe Orangenscheibe als Garnitur und einen Stirrer dazugeben.

Anmerkung Der Screwdriver ist ein in den 1950er-Jahren bekannt gewordener Longdrink. Die Legende erzählt, dass ein im Iran tätiger, amerikanischer Ölarbeiter seinen Drink mit einem Schraubenzieher »Screwdriver« umrührte. Dieser einfache Drink verlangt nach frisch gepresstem Orangensaft und wird mit Galliano zum Harvey Wallbanger (siehe rechts). Neben Wodka eignen sich viele Spirituosen und Liköre zum Mixen mit Orangensaft.

Harvey Wallbanger

5 cl Wodka

12 cl frisch gepresster Orangensaft

1 cl Galliano

½ Orangenscheibe und 1 Cocktailkirsche

Zubereitung Ein Longdrinkglas zur Hälfte mit Eiswürfeln füllen und den Wodka dazugießen. Mit Orangensaft auffüllen und mit einem Barlöffel gut umrühren. Den Galliano darübergießen. Mit einer halben Orangenscheibe und einer Cocktailkirsche garnieren und einen Stirrer dazugeben.

Anmerkung Beim Galliano ist man im Jahr 2008 wieder zu der bereits bis 1960 verwendeten Originalrezeptur zurückgekehrt. Seither präsentiert sich der Galliano wesentlich vielschichtiger, mit reduzierter Süße und einem Hauch von Anis.

White Russian

4 cl Wodka

2 cl Kaffeelikör

leicht geschlagene Sahne

Zubereitung Wodka und Kaffeelikör in einem Rührglas mit Eiswürfeln gut verrühren und in ein kleines Stielglas abgießen. Die noch leicht flüssige Sahne als Haube darauf setzen.

Anmerkung *Seinen Ursprung hatte der White Russian im Black Russian, der ohne Sahne gemixt wurde. Beide sind exzellente After-Dinner-Drinks.*

Bloody Mary
links im Foto

schwarzer Pfeffer, Selleriesalz
2 Spritzer Tabasco
3 Spritzer Worcestershiresauce
4 cl Wodka
1 cl Zitronensaft
12 cl Tomatensaft
½ Zitronenscheibe oder
1 Stück Stangensellerie

Zubereitung In ein Longdrinkglas einige Eiswürfel, die Gewürze wie Pfeffer, Salz, Tabasco und Worcestershiresauce, Wodka und Zitronensaft geben. Tomatensaft dazugießen und mit einem Barlöffel gut umrühren. Man kann die Zutaten auch mit Eiswürfeln im Rührglas gut vermischen und dann in ein Becherglas ohne Eiswürfel abgießen. Halbe Zitronenscheibe oder 1 Stück Staudensellerie als Garnitur dazu geben.

Bull Shot
rechts im Foto

etwas schwarzer Pfeffer
1-2 Spritzer Worcestershiresauce
einige Tropfen Zitronensaft
5 cl Wodka
12 cl Consommé

Zubereitung In ein Longdrinkglas einige Eiswürfel, die Gewürze Pfeffer und Worcestershiresauce, den Zitronensaft und den Wodka geben. Die Consommé dazugießen und mit einem Barlöffel gut umrühren. Damit sich die Zutaten gut vermischen, kann man sie auch mit Eiswürfeln im Rührglas gut verrühren und dann in ein Becherglas ohne Eiswürfel abgießen.

Anmerkung *Dies ist der wirkungsvollste Katerkiller. Wo eine Bloody Mary nicht hilft, ist er die letzte Hoffnung. Der gewöhnungsbedürftige Geschmack verbessert sich bei jedem Schluck.*

Fireball

3 cl Wodka
3 cl Red Orange Liqueur
kaltes Tonic Water
½ Orangenscheibe

Zubereitung In ein Longdrinkglas einige Eiswürfel geben und Wodka und Red Orange Liqueur dazugießen. Mit kaltem Tonic Water auffüllen und eine halbe Orangenscheibe als Garnitur dazugeben.

Anmerkung *Dieser einfache Longdrink ist schnell gemixt, und seine Rezeptur ist sehr wandlungsfähig. Drinks mit einer Basisspirituose, einem Likör und einer Limonade oder einem Fruchtsaft gelingen fast immer.*

Melon Ball

3 cl Wodka
3 cl Midori Melonenlikör
12 cl Orangensaft
1 Stück Melone

Zubereitung Wodka, Midori Melonenlikör und Orangensaft mit Eiswürfeln im Shaker kräftig schütteln und in ein Longdrinkglas auf einige Eiswürfel abgießen. Ein Melonenstück als Garnitur dazugeben.

Anmerkung Der Melon Ball ist ein aromatischer Drink mit dem frischen Geschmack von Wassermelonen. Man kann ihn, wie alle diese einfachen Mixturen, auch direkt im Glas anrichten.

Orange Passion

2 cl Wodka
4 cl Passoã Maracuja Liqueur
12 cl frisch gepresster Orangensaft
½ Orangenscheibe

Zubereitung Wodka, Passoã Maracuja Liqueur und Orangensaft mit Eiswürfeln im Shaker kräftig schütteln und in ein Longdrinkglas auf einige Eiswürfel abgießen. Eine halbe Orangenscheibe als Garnitur dazugeben.

Anmerkung Diese Mixkombination bietet viele Möglichkeiten. Die bevorzugten Spirituosen, Liköre und Fruchtsäfte mischt man je nach Alkoholgehalt und gewünschter Süße. Größere Mengen lassen sich in Karaffen (mit Eiswürfeln) vorbereiten oder Einzeldrinks auch direkt im Glas anrichten.

Chi-Chi

6 cl Wodka

8 cl Ananassaft

2-4 cl Cream of Coconut
oder Kokossirup

1 Stück Ananas und/oder
1 Cocktailkirsche

Zubereitung Wodka, Ananassaft und Cream of Coconut im Elektromixer mit Crushed Ice mixen und in ein Longdrinkglas auf Crushed Ice abgießen. Als Garnitur eignet sich ein Stück Ananas und/oder eine Cocktailkirsche.

Anmerkung *Der Chi-Chi ist die Wodkaversion des Piña Colada (Seite 44). Die Zugabe von etwa 2 cl Sahne macht den Drink ohne Geschmacksveränderung sämiger. Die Süße ist abhängig von den Anteilen an Cream of Coconut oder Kokossirup.*

Sweet Maria

3 cl Wodka

3 cl Amaretto

3 cl Sahne

Schokoladenraspeln

Zubereitung Wodka, Amaretto und Sahne mit Eiswürfeln im Shaker kräftig schütteln und in eine Cocktailschale auf einige Eiswürfel abgießen. Mit Schokoladenraspeln als Garnitur bestreuen.

Anmerkung *Der Mandellikör trägt den Geschmack, und alle drei Zutaten lassen sich in der Menge variieren. Zum Bestreuen kann man auch Kaffee-, Kakao- oder Zimtpulver verwenden.*

Cocktails mit Rum

Sein Ursprung lag in der Karibik, und bis heute produziert man Rum auf den Inseln und den anliegenden Ländern in einer unglaublichen Vielfalt. Lange vorbei sind die Zeiten, in denen Rum ein rauer Piratentrank war. Rum ist heute mild, aromatisch und vornehm. Ob weiß, golden oder braun, Rum steht für Tropical Drinks und ist als Mixspirituose unverzichtbar.

Rum

Seit dem 19. Jahrhundert wurde der deutsche Rummarkt vom Jamaica-Rum-Verschitt dominiert. Diese heute nur noch in Deutschland zugelassene Spirituose besteht aus reinem Alkohol, Wasser und zu mindestens 5 % aus aromastarkem Rum. Er erlebte seine Blütezeit bis in die 1970er-Jahre, in denen Rum noch hauptsächlich für Grog und als Zugabe zum Tee verbraucht wurde. Die dann beliebter gewordenen Mixgetränke verlangten nach den Rumsorten der Karibik, und diese sind heute in großer Vielfalt zu haben.

Das Ausgangsprodukt für den Rum ist Zuckerrohr. Christoph Kolumbus brachte 1494 auf seiner zweiten Entdeckungsfahrt Zuckerrohrpflanzen mit nach Westindien und legte damit den Grundstein für eine der größten Spirituosensorten. Europäische Siedler stellten um 1630 auf der Insel Barbados erstmals Rum her. Das wichtigste Produktionsgebiet wurde später die Insel Jamaica. Mehrere Deutungen gibt es über den Ursprung des Namens. Eine glaubhafte Annahme ist, dass sein Name von »Saccharum«, dem lateinischen Wort für Zucker, abstammt. Doch auch die Ableitung von »Rumbullion« ist schlüssig. Damit bezeichnete man Krawall und Tumult, die sicher oft nach dem Genuss des auch »Kill Devil« genannten Rums ausbrachen.

Bei der Zuckerproduktion bleibt ein dickflüssiger dunkler Sirup, die Melasse, zurück. Diese wird mit Wasser verdünnt und nach der Vergärung destilliert. Anschließend muss das Destillat einige Zeit lagern. Bei der oft jahrzehntelangen Reifung in Holzfässern entsteht eine goldfarbene Tönung. Durch den Zusatz von Zuckerkulör (Karamell) erhält der Rum dann seinen endgültigen Farbton. Im Gegensatz dazu wird weißer Rum nur kurz in Holzfässern oder Stahltanks unter Sauerstoffzufuhr gelagert. Auf den Exportmärkten werden fast alle Rummarken der karibischen Inseln, Mittel- und Südamerikas angeboten. In Deutschland belegt Rum der karibischen Inseln bis heute die Spitzenplätze.

Mount Gay Barbados Rum

Die Insel Barbados ist die östlichste der Kleinen Antillen und der gesamten Karibik. Sie genießt den Ruhm, die Geburtsstätte des Rums zu sein. Barbados wurde um 1500 von den Spaniern entdeckt und kam 1625 in britischen Besitz. Bereits einige Jahre später begann die Rumproduktion und verbreitete sich von dort über die ganze Karibik.

Die Historie der heutigen Mount Gay Destillerie beginnt 1663, als William Gay das Anwesen St. Lucy nebst einer Brennblase erwarb. Die auf den Flaschen angegebene Zahl 1703 verweist auf das Jahr der Registrierung. Ab 1724 nannte man sich Mount Gay. 1908 übernahm A.Y. Ward das Unternehmen. Er hatte viele Jahre als Brennmeister die Destillerie geleitet, und bis heute steht sein Name auf den Etiketten. Von seinen Erben erwarb 1989 die Rémy Cointreau Group die Mehrheit und verhalf dadurch der Marke zu weltweiter Präsenz. Die international bekanntesten Mount Gay Rums sind die beiden »**ECLIPSE**«. Den bernsteinfarbenen gibt es bereits seit 1910, der »**SILVER**« ist die klare Variante und eine Kreation neuerer Zeit. »Eclipse« ist der Rum, der mit seiner rauchigen Holznote und seinem Vanille- und Bittermandelgeschmack den Mount Gay Rum berühmt gemacht hat. Weitere Sorten sind der langjährig gereifte »**XO**« und der »**BLACK BARREL**«, der einen hohen Anteil an Double Pot Still Destillaten aufweist. Des Weiteren wird mit dem »**1703 OLD CASK SELECTION**« eine außergewöhnliche Spitzenqualität mit bis zu 30 Jahren gereiften Destillaten angeboten.

Mojito

1 Barlöffel weißer Rohrzucker
oder Puderzucker

kaltes Sodawasser

2 Limettenviertel

3-4 Minzezweige

6 cl weißer Rum

Zubereitung   In einem Longdrinkglas den Zucker mit etwas Sodawasser verrühren. Die Limettenviertel und 2 bis 3 Minzezweige dazugeben und mit einem Holzstößel ausdrücken. Das Glas mit grob zerschlagenen Eiswürfeln füllen. Den weißen Rum dazugießen und mit wenig Sodawasser auffüllen. Mit einem Barlöffel gut vermischen und einen Minzezweig als Garnitur dazugeben.

Anmerkung   *Dieser Kubaklassiker ist seit Jahren ein In-Drink in den europäischen Bars. Seine Rezeptur birgt aber ein Problem. Da alle seine Zutaten im Einzelnen nicht sehr geschmacksintensiv sind, bringt die Überdosierung einer Zutat den Drink schnell aus dem Gleichgewicht. Hier hilft nur die persönliche Erfahrung.*

Piña Colada

Foto Seite 38

6 cl weißer Rum

8 cl Ananassaft

4 cl Cream of Coconut

1 Stück Ananas und
1 Cocktailkirsche

Zubereitung Weißen Rum, Ananassaft und Cream of Coconut im Elektromixer mit Crushed Ice mixen und in ein Longdrinkglas auf Crushed Ice abgießen. Die klassische Garnitur dafür ist ein Stück Ananas und eine Cocktailkirsche. Die Zugabe von etwa 2 cl Sahne macht den Drink ohne Geschmacksveränderung sämiger.

Anmerkung *Die Piña Colada wurde 1954 auf der Karibikinsel Puerto Rico kreiert. Anstelle von Ananassaft wurden damals frische Früchte verwendet. Seit Mitte der 1970er-Jahre ist Cream of Coconut auch bei uns erhältlich. Seither zählt die Piña Colada zu den beliebtesten Rum-Drinks.*

Cuba Libre

1 Limettenachtel

6 cl weißer Rum

kalte Cola

Zubereitung In ein Longdrinkglas einige Eiswürfel geben. Das Limettenachtel darüber auspressen und dazugeben. Den weißen Rum dazugießen und mit kalter Cola auffüllen.

Anmerkung *Der Cuba Libre ist einer der bekanntesten Rumdrinks der Welt. Sein Erfolg begann um 1900 mit der Verbreitung der Coca Cola.*

Daiquiri

5 cl weißer Rum

2-3 cl Limettensaft

1-2 cl Zuckersirup

Limettenschalenspirale

Zubereitung Weißen Rum, Limettensaft und Zuckersirup im Shaker mit Eiswürfeln kräftig schütteln und in eine Cocktailschale abgießen. Eine Limettenschalenspirale eignet sich zum Garnieren.

Anmerkung *Von diesem berühmten Kubadrink gibt es viele Varianten. Beliebt sind der Strawberry und der Banana Daiquiri. Dabei gibt man zum Grundrezept frische Früchte und oft anstelle des Zuckersirups Liköre oder Sirupe der gleichen Geschmacksrichtung. Die Fruchtdaiquiris bereitet man im Elektromixer oder man verwendet Fruchtpürees.*

Rum Sour

5 cl brauner Rum

2-3 cl Zitronensaft

1-2 cl Zuckersirup

½ Orangenscheibe und
1 Cocktailkirsche

Zubereitung Braunen Rum, Zitronensaft und Zuckersirup im Shaker mit Eiswürfeln kräftig schütteln und in ein kleines Stielglas oder in einen kleinen Tumbler auf einige Eiswürfel abgießen. Halbe Orangenscheibe und Cocktailkirsche als Garnitur dazugeben.

Anmerkung *Der Rum Sour ist dem Daiquiri sehr ähnlich. Seinen Ursprung hatte das Rezept jedoch nicht in Kuba, sondern es entstand als Ableitung vom Whisky Sour.*

Cocktails mit Tequila

Tequila ist eine der bekanntesten Spirituosen, doch das Wissen um ihn erschöpft sich meist mit Agave und Mexiko. Sein Imagewandel vom »harten Stoff« der Revolutionäre ist längst vollzogen und Geschichte. Auch die früheren Charakterisierungen »hart und rau« mussten schon vor Jahrzehnten den Aussagen »mild, sanft, vielschichtig und großartig« weichen.

Tequila

Zugegeben – sein Ruf ist nicht der Beste. Dies zwar zu Unrecht, doch der Ruf hält sich hartnäckig. Der Tequila hatte es in Deutschland nicht leicht. Das erste Kennenlernen erfolgte erst im Sog der Fußballweltmeisterschaft von 1970 in Mexiko. Nach dieser flachte das Interesse jedoch wieder ab und erst 1986, nach der zweiten WM in Mexiko, konnte sich der Tequila endgültig etablieren. Sein Ausgangsstoff ist eine einzige Agavenart, die blaue Agave Tequiliana Weberiana var. azul. Sie muss in der Provinz Jalisco, in der auch die Stadt Tequila liegt, und in einigen weiteren, genau abgegrenzten Gebieten wachsen. Alle anderen Agavendestillate nennt man Mezcal. Rund um die Stadt Tequila sieht man Agavenfelder in den unterschiedlichsten Wachstumsstadien. Wenn die Agaven nach etwa 6 bis 8 Jahren geerntet werden können, sind sie 30 bis 90 Kilogramm schwer. Bei der Ernte werden die Blätter abgetrennt und übrig bleibt das einer Ananas (»piña«) ähnelnde Stück. Die »piñas« werden zunächst zerteilt und gegart. Dabei fließt sogenanntes »aguamiel« (Honigwasser) ab. Dieses wird dann mit der Flüssigkeit, die beim anschließenden Zerkleinern und Pressen der gegarten »piñas« gewonnenen wird, zur Maische. Dieser kann, wenn zu wenig agaveneigener Zucker vorhanden ist, bis zu 49% Fremdzucker zugesetzt werden. Reine Tequilas ohne Zuckerzusatz tragen später das Prädikat »100% de Agave«. Das alkoholische Endprodukt der Vergärung wird anschließend zwei- oder auch dreifach destilliert. Frischer, wasserklarer Tequila wird als »Blanco« oder »Silver« (Plata) angeboten. »Reposado« (abgelagert) darf sich ein Tequila nach mindestens 60 Tagen Lagerung im Holzfass nennen. Das Prädikat »Añejo« (gealtert) weist auf eine Fassreifung von über einem Jahr hin, »Extra Añejos« reifen mindestens vier Jahre. Die »Gold«-Tequilas haben keine Reifung erfahren. Sie sind eingefärbte »Blancos«. Unter all diesen Sorten stellt der 100% Agave-Tequila die höchste Qualität dar.

Cuervo Tequila

José Cuervo ist die älteste Tequila-Destillerie und die meistverkaufte Tequila-Marke. Bereits im Jahr 1795, als Mexiko noch eine spanische Kolonie war, erhielt José Cuervo die offizielle Erlaubnis, Mezcal oder »Vino Tequila«, wie er auch genannt wurde, herzustellen. José Cuervo legte mit seiner Destillerie den Grundstein für einen Welterfolg und ist das größte Tequila produzierende Unternehmen. Cuervo-Tequila wird weltweit exportiert und zählt zu den meist verkauften Premium-Spirituosen der Welt. Produziert wird heute mit modernster Technik an mehreren Standorten rund um die Stadt Tequila. Doch auch die älteste noch betriebene Brennerei in Lateinamerika, die im Zentrum der Stadt Tequila liegende Cuervo-Destillerie »La Rojena«, ist noch in die Produktion eingebunden.

JOSE CUERVO ESPECIAL SILVER präsentiert sich klar, jung und typisch. Er wird direkt nach der Destillation ohne Reifung und ohne Zusätze abgefüllt. Ein idealer Tequila zum Mixen.

JOSE CUERVO ESPECIAL REPOSADO reift drei Monate in Eichenfässern. Ein klassischer, gut ausbalancierter Reposado mit hellem Goldton.

JOSE CUERVO TRADICIONAL ist ein vier Monate gereifter 100%-Agave-Reposado-Tequila. Bei seiner Herstellung folgt man den alten Traditionen, und man destilliert jeweils nur kleine Chargen.

WEITERE SORTEN sind **PLATINO**, ein 100%-Agave-Tequila, und **RESERVA DA LA FAMILIA**.

El Diablo

2 Limettenviertel
5 cl Tequila Blanco
2 cl Crème de Cassis
kaltes Ginger Ale

Zubereitung In ein großes Glas Eiswürfel geben, die Limettenviertel darüber auspressen und dazugeben. Tequila Blanco und Crème de Cassis dazugießen und mit kaltem Ginger Ale auffüllen. Mit einem Barlöffel umrühren.

Margarita

Foto Seite 46

4 cl Tequila
2 cl Cointreau
2 cl Zitronensaft
etwas Salz

Zubereitung Tequila, Cointreau und Zitronensaft mit Eiswürfeln im Shaker kräftig schütteln und in eine Margaritaschale mit Salzrand abgießen. Für den Salzrand den Glasrand in einem eingeschnittenen Zitronenviertel drehen und nur die Außenseite des Glases in eine mit Salz gefüllte Schale tupfen.

Tequila Sunrise

5 cl Tequila Blanco
12 cl frisch gepresster Orangensaft
1 cl Grenadine
1 Orangenscheibe

Zubereitung Tequila Blanco und Orangensaft mit Eiswürfeln im Shaker kräftig schütteln. Dann in ein Longdrinkglas auf grob zerschlagene Eiswürfel abgießen. Die Grenadine darübergießen. Eine Orangenscheibe als Garnitur und einen Stirrer dazugeben.

Holiday

5 cl Tequila

3 cl Zitronensaft

2 cl Grenadine

1 Zitronenscheibe

Zubereitung Tequila, Zitronensaft und Grenadine im Shaker mit Eiswürfeln kräftig schütteln und in einen Tumbler auf einige Eiswürfel abgießen. Eine Zitronenscheibe als Garnitur dazugeben.

Vesuvius

4 cl Tequila Blanco

12 cl frisch gepresster Orangensaft

1½ cl Campari

1 Orangenscheibe

Zubereitung Tequila Blanco und Orangensaft mit Eiswürfeln im Shaker kräftig schütteln. Dann in ein Longdrinkglas auf grob zerschlagene Eiswürfel abgießen. Den Campari darübergießen. Eine Orangenscheibe als Garnitur und einen Stirrer dazugeben.

Cocktails mit Cognac

Cognac steht für Genuss und Lebensart, und sein jahrhundertealtes Prestige fußt auf Geschichte, Beständigkeit und Qualität. Seit der Entwicklung der ersten Cocktailrezepturen ist Cognac eine der wichtigsten Spirituosen, und viele berühmte Cocktails und Mixgetränke präsentieren sich bis heute auf der Grundlage dieser edlen Zutat.

Cognac

Seit dem 17. Jahrhundert ist Cognac der beherrschende und stetig wachsende Wirtschaftszweig der Charente-Region und eines der bekanntesten Erzeugnisse Frankreichs. Cognac stammt einzig und allein aus dem im Südwesten liegenden Landesteil, dessen Mittelpunkt die Stadt Cognac ist.

Das 75 000 Hektar große Weinanbaugebiet Charente ist in sechs Regionen unterteilt, und jede hat ihre besonderen Eigenschaften. Als wertvollste werden dabei die Gebiete Grande Champagne und Petite Champagne angesehen. Es wird fast ausschließlich die Rebsorte Saint Emilion (Ugni blanc) angebaut. Sie bringt einen schwachalkoholischen, säurereichen Wein hervor, der destilliert wird und jahrelang in Eichenholzfässern reift. Nach mindestens 24 Monaten Reifezeit darf er als Cognac verkauft werden. Diese Cognacs sind als »Dreisterne«- und »V.S.«-Cognacs bekannt. Der meiste Cognac wird als »V.S.O.P.« verkauft. Er muss mindestens 4 Jahre gereift sein. Qualitativ hochwertigste Cognacs tragen nach 6 Jahren Reifung Bezeichnungen wie »Extra«, »X.O.«, »Vieux«, »Vieille Réserve«, »Napoléon« und weitere auf ein hohes Alter hinweisende Prädikate. Dies sind Qualitätsbezeichnungen, die lediglich das Mindestalter voraussetzen. Das tatsächliche, meist weit über die gesetzlich vorgeschriebene Zeit hinausgehende Alter wird durch die Qualitätspolitik der Hersteller bestimmt. Fast alle Cognacs sind Mischungen verschiedener Gebiete und Altersstufen. Für das Altersprädikat zählt jedoch immer das jüngste Destillat.

Ab 1860 war Cognac in mit Namen und Etiketten versehenen Flaschen erhältlich, und bis heute klären die Angaben auf den Etiketten aussagekräftig über die Qualität auf. Die Zahl der jährlich verkauften Flaschen beträgt ca. 200 Millionen. Davon sind mehr als die Hälfte »Qualités Supérieurs« (»V.S.O.P.« und älter). Den Cognacmarkt teilen zu 85 % die 30 größten Firmen unter sich auf. Führend sind die »großen Vier« Rémy Martin, Hennessy, Martell und Courvoisier.

Rémy Martin Cognac

Rémy Martin Cognac genießt weltweit höchstes Ansehen und ist auf allen internationalen Märkten vertreten. Das Unternehmen besteht seit 1724 und ist heute einer der größten Cognacproduzenten. Der Großteil der Produktion wird exportiert, dabei führend der **V.S.O.P. FINE CHAMPAGNE COGNAC**. Dieser ist einer der größten Erfolge in der jüngeren Cognac-Geschichte und auch in Deutschland in seiner Kategorie die führende Marke. Der bisher in einer gefrosteten Flasche angebotene V.S.O.P. wird seit 2012 in transparente Flaschen abgefüllt, und auch die Komposition erfuhr eine Veränderung. Die ausgewählten Destillate für den neuen **V.S.O.P. MATURE CASK FINISH** reifen nach ihrer endgültigen Vermählung ein weiteres Jahr in kleinen Limousin-Eichenfässern, den »Mature Casks«. **1738 ACCORD ROYAL FINE CHAMPAGNE** Mit einem königlichen Beschluss, dem Accord Royal, sicherte der französische König Louis XV. Rémy Martin im Jahr 1738 seine Unterstützung zu. Seit dem Jahr 2015 wird der **1738 ACCORD ROYAL** in seiner Original-Flaschenform angeboten. **XO EXELLENCE FINE CHAMPAGNE** Eine großartige Komposition aus lange gereiften Destillaten. **WEITERE SORTEN** sind der Centaure de Diamant und der Rémy Louis XIII. **CENTAURE DE DIAMANT** wird in einer wie Edelsteine geschliffenen Flasche angeboten. **RÉMY LOUIS XIII** mit seiner unbeschreiblichen Qualität präsentiert sich in einer wertvollen Baccarat-Kristallkaraffe.

Port Cobbler
links im Foto

4 cl Cognac

6 cl Tawny Port

1 cl Maraschino

einige Himbeeren, Brombeeren, Walderdbeeren, Puderzucker

Zubereitung Ein großes Becherglas mit grob zerschlagenen Eiswürfeln füllen. Cognac, Tawny Port und Maraschino dazugeben und gut verrühren. Mit Beeren garnieren, diese mit Puderzucker bestreuen. Cocktailspieß und Trinkhalm dazugeben.

Brandy Alexander
rechts im Foto

3 cl Cognac

3 cl Crème de Cacao braun

3 cl Sahne

Muskatnuss

Zubereitung Cognac, Crème de Cacao und Sahne mit Eiswürfeln im Shaker kräftig schütteln und in eine Cocktailschale abgießen. Mit fein geriebener Muskatnuss dekorativ bestreuen.

Anmerkung *Der Brandy Alexander zählt zu den »Top Ten« der Cocktails und ist der bekannteste Sahnedrink.*

Sidecar

Foto Seite 54

4 cl Cognac
2 cl Cointreau
2 cl Zitronensaft

Zubereitung Cognac, Cointreau und Zitronensaft mit Eiswürfeln im Shaker kräftig schütteln und in eine Cocktailschale abgießen.

Anmerkung *Ein Klassiker und einer der berühmtesten Cocktails, der auf jeder Barkarte der Welt zu finden ist.*

Stinger

4 cl Cognac
2 cl Crème de Menthe weiß

Zubereitung Cognac und Crème de Menthe mit Eiswürfeln im Rührglas gut vermischen und in ein Cocktailglas abgießen. Er kann auch in einem kleinen Tumbler direkt angerichtet werden.

Anmerkung *Cognac und Crème de Menthe verbinden sich hier zu einem wohltuenden Digestif.*

B and B

3 cl Cognac

2 cl Bénédictine

Zubereitung Cognac und Bénédictine mit Eiswürfeln im Rührglas gut vermischen und in ein Cocktailglas abgießen. Er kann auch ohne Kühlung im kleinen Schwenker oder in einem kleinen Tumbler direkt auf Eis angerichtet werden.

Anmerkung *Ein Klassiker mit Stil und allen Eigenschaften eines perfekten After-Dinner-Drinks.*

Mont Blanc

3 cl Cognac

3 cl Cointreau

leicht geschlagene Sahne

Zubereitung Cognac und Cointreau im Rührglas mit Eiswürfeln vermischen und in ein kleines Stielglas abgießen. Die leicht geschlagene Sahne als Haube darauf setzen.

Bonny Prince Charlie

rechts im Foto

3 cl Cognac
3 cl Drambuie Liqueur
3 cl Zitronensaft
Zitronenschalenspirale

Zubereitung Cognac, Drambuie Liqueur und Zitronensaft mit Eiswürfeln im Shaker kräftig schütteln und in eine Cocktailschale abgießen. Mit einer Zitronenschalenspirale garnieren.

Rémy Cup

links im Foto

4 cl Rémy Martin Cognac
1 cl Grenadine
10 cl Maracujanektar
1 Stück Ananas und
1 Minzezweig

Zubereitung Rémy Martin Cognac, Grenadine und Maracujanektar im Shaker mit Eiswürfeln gut schütteln und in ein großes Becherglas auf Eiswürfel abgießen. Mit Ananasstück und Minzezweig garnieren.

Cocktails mit Whisky & Whiskey

Whiskys und Whiskeys zählen zu den berühmtesten Getränken der Welt, und in allen Staaten und Regionen, in denen er erzeugt wird, ist er auch das Nationalgetränk. Die ursprünglichen Whiskyländer Irland, Schottland, die USA und Kanada bieten unterschiedlich hergestellte Sorten an, und Whiskys aller Länder haben sich in der Cocktailgeschichte verewigt.

Whisky & Whiskey

Irland ist die Urheimat des Whiskeys, und von der grünen Insel aus verbreitete sich die Kunst der Herstellung zuerst nach Schottland und von dort in die Neue Welt. Seither dominieren die schottischen Unternehmen in ihrer Anzahl und Vielfalt den Weltwhiskymarkt.

Seinen Namen verdankt er dem gälischen »uisge beatha«, das später zu »uiskie« und Whisky wurde. Die ersten Aufzeichnungen stammen aus dem späten 15. Jahrhundert und im 16./17. Jahrhundert war das Whiskybrennen in ganz Schottland verbreitet. In unzähligen kleinen Hausbrennereien wurde in Brennblasen, den »Pot Still«, aus Gerstenmalz ein kräftiger »Malt Whisky« gebrannt. Eine neue, ab 1830 praktizierte Destilliermethode ermöglichte die Produktion von »Grain (Getreide) Whisky«. Eine Kombination aus beiden ergab ab 1860 den leichteren »Blended Whisky«.

Mit dem Blended verbreitete sich der Whisky über England hinaus in der ganzen Welt. Seit den 1980er-Jahren entwickelte sich der wiederentdeckte Malt Whisky nicht nur in deutschsprachigen Ländern zum Kultgetränk, und die derzeit knapp 90 aktiven Maltbrennereien brachten eine Flut von unterschiedlichen Abfüllungen auf den Markt.

In diesem Aufwind kam auch der irische Whiskey wieder zu Ehren. Viele seiner Herstellungsschritte sind jedoch wesentlich anders als beim großen Nachbarn in Schottland. Die Qualität ist unbestritten, und Irish Whiskeys werden auf den Exportmärkten vielfältig angeboten. In die USA brachten die Auswanderer die Kunst des Destillierens mit, und um 1640 wird erstmals von einer Roggenbrennerei berichtet. Der aus Roggen (»Rye«) gewonnene Whiskey war der ursprüngliche, und auch er erlebt eine Renaissance. Erst später begann man, Whiskeys aus Mais (»Bourbon«) herzustellen, und dieser gilt als »der« amerikanische Whiskey. Von den USA weitete sich die Produktion auf Kanada aus. Auch der »Canadian« erlangte Weltgeltung. Alle eignen sich, ob mit oder ohne »e« geschrieben, zum Mixen.

Bekannte Marken

BLACK BOTTLE Der Black Bottle Blended Scotch Whisky ist nach seiner Flasche benannt, und es gibt ihn seit 1897. Gegründet wurde das Blending-Haus Gordon Graham's 1879, und trotz mehrerer Besitzerwechsel war Black Bottle immer eine populäre Marke. Die berühmte Pot-Still-förmige Flasche wurde vor Kurzem durch eine nun flache ersetzt. Black Bottle zählt zu den besten Blends, die Schottland zu bieten hat.

BRUICHLADDICH Die Islay-Whisky-Destillerie Bruichladdich blickt auf eine bewegte Geschichte zurück. Erbaut wurde sie 1881. Im Jahr 2012 übernahm der französische Spirituosenmulti Rémy Cointreau das Unternehmen. Man gewann den legendären Master-Distiller und Destillerie-Manager Jim McEwan, der mit neu komponierten Standard-Marken und außergewöhnlichen Neuheiten unter den Namen Port Charlotte und Octomore überraschte.

BUNNAHABHAIN Wie Bruichladdich wurde auch Bunnahabhain 1881 erbaut. Die Destillerie liegt im Nordosten der Whiskyinsel Islay. Bereits 1963 füllte man als einer der Ersten Single Malt in Flaschen ab. Bunnahabhain Malt Whisky ist für Islay eher untypisch. Er ist ungewöhnlich weich, leicht und sanft. Neben den 12, 18 und 25 Jahre gereiften Klassikern gibt es zahlreiche weitere Originalabfüllungen.

BUFFALO TRACE Dieser vielfach ausgezeichnete Kentucky Straight Bourbon Whiskey ist seit 1999 das Aushängeschild der berühmten Buffalo Trace Distillery in Frankfort, Kentucky. Neben dem Buffalo Trace werden weitere Marken und auch die großen Sazerac Whiskeys hergestellt.

Irish Coffee

4 cl Irish Whiskey

brauner Rohrzucker

1 Tasse heißer Kaffee

leicht geschlagene Sahne

Zubereitung   Ein Stielglas mit heißem Wasser erwärmen. Irish Whiskey, Rohrzucker und Kaffee in das Glas geben und verrühren. Mithilfe eines Barlöffels die Sahne als Haube darauf setzen.

Anmerkung   *Der Erfolg des Irish Coffee führte zu vielen weiteren Rezepten. Viele Spirituosen und Liköre werden verwendet, und auch zahlreiche Spirituosen-Likör-Varianten wurden kreiert. Besonders geeignet sind Cognac, brauner Rum, Cointreau, Grand Marnier, Amaretto, Nuss-, Kaffee- und Creamliköre. Auch mit Rum und Kaffeelikör oder mit Crème de Menthe und Crème de Cacao lassen sich ansprechende Hot Coffees herstellen.*

Old Fashioned

Foto Seite 64

1 Stück Würfelzucker

2 Spritzer Angostura

je ½ Orangen- und Zitronenscheibe und 1 Cocktailkirsche

5 cl Whisky
(klassisch Bourbon oder Rye)

Zubereitung Den Würfelzucker in einem Old-Fashioned-Glas (Tumbler) mit Angostura tränken und etwas klares Wasser dazugeben. Den Zuckerwürfel mit einem Barlöffel zerdrücken. Die halbe Orangen- und Zitronenscheibe in das Glas legen und mit dem Barlöffel etwas andrücken. Das Glas mit Eiswürfeln füllen und den Whisky dazugießen. Mit dem Barlöffel umrühren und eine Cocktailkirsche als Garnitur dazugeben.

Hot Toddy

5 cl Whisky

3 cl Zitronensaft

2 cl Zuckersirup

1 Zitronenscheibe, Nelken, 1 Zimtstange

Zubereitung Whisky, Zitronensaft und Zuckersirup in einem Gefäß erhitzen und in ein geeignetes Glas geben. Mit heißem Wasser auffüllen. Die Zitronenscheibe mit einigen Nelken spicken und mit der Zimtstange als Dekoration dazugeben.

Anmerkung *Zum Hot Toddy eignen sich anstelle von Whisky auch Gin, Cognac oder brauner Rum.*

Manhattan

5 cl Whisky (klassisch Canadian, Rye oder Bourbon)

2 cl Vermouth Rosso

1 Spritzer Angostura

1 Cocktailkirsche

Zubereitung Whisky, Vermouth Rosso und Angostura in ein Rührglas auf viel Eiswürfel geben und gut verrühren. In ein vorgekühltes Cocktailglas abgießen und eine Cocktailkirsche als Garnitur dazugeben.

Anmerkung *Der Manhattan folgt dem Martini Cocktail in Bekanntheit und Berühmtheit. Er wird auch gerne als Dry und Perfect Manhattan gemixt. Beim Dry ersetzt man den Vermouth Rosso durch trockenen Vermouth, und anstelle der Cocktailkirsche kommt Zitronenschale dazu. Beim Perfect nimmt man Vermouth Rosso und Vermouth Dry.*

Rusty Nail

4 cl Blended oder Malt Scotch Whisky

2 cl Drambuie Liqueur

Zubereitung Whisky und Drambuie Liqueur mit Eiswürfeln im Rührglas verrühren und in ein vorgekühltes Cocktailglas abgießen. Man kann den Drink auch direkt im kleinen Tumbler mit Eiswürfeln anrichten.

Anmerkung *Rusty Nail sowie B and B, Black Russian (White Russian) und Stinger, die ebenfalls in diesem Buch vorgestellt werden, sind berühmte und klassische After-Dinner-Drinks.*

Horse's Neck

links im Foto

Zitronenschalenspirale
2 Spritzer Angostura
6 cl Whisky (klassisch Bourbon)
kaltes Ginger Ale

Zubereitung In ein großes Longdrinkglas einige Eiswürfel und eine Zitronenschalenspirale geben. Angostura und Whisky dazugeben und mit Ginger Ale auffüllen.

Anmerkung *In manchen Rezeptbüchern wird anstelle von Whisky oft Cognac genannt. Doch Bourbon, Rye und auch der Canadian haben sich durchgesetzt.*

Whisky Sour

rechts im Foto

5 cl Whisky
3 cl Zitronensaft
2 cl Zuckersirup
½ Orangenscheibe und
1 Cocktailkirsche

Zubereitung Whisky, Zitronensaft und Zuckersirup im Shaker mit Eiswürfeln kräftig schütteln und in ein kleines Stielglas oder in einen kleinen Tumbler auf einige Eiswürfel abgießen. Eine halbe Orangenscheibe und eine Cocktailkirsche als Garnitur dazugeben.

Anmerkung *Der Whisky Sour ist einer der großen Klassiker, die auf der Basis Spirituose-Zitrone-Zucker gemixt werden.*

Cocktails mit Champagner

Champagner, dieser prickelnde Hochgenuss, vermittelt stets ein außergewöhnliches Vergnügen. Er ist immer die richtige Wahl und kennt keine Tageszeit. Viele international berühmte Mixrezepte wurden mit ihm entwickelt und sind bis heute aktuell. Ob fruchtig als Bellini oder aromatisiert als Kir Royal, Champagnerdrinks haben immer Saison.

Champagner

Die Heimat des Champagners ist eine weite, zum Teil recht hügelige Landschaft nordöstlich von Paris: die Champagne. Dort werden auf etwa 3 % der Weinanbaufläche Frankreichs die Reben für den edelsten Schaumwein der Welt angebaut. Das wichtigste Kriterium für die enge Begrenzung des Gebiets war die Beschaffenheit der Böden. Die Kreideböden und die Mikroelemente in der Champagne sind einmalig, und nirgendwo sind die Voraussetzungen für die Erzeugung von Schaumwein so günstig wie in dieser Region.

Schon vor 2000 Jahren gab es in der Champagne Wein, doch der Champagner, wie wir ihn heute kennen, entwickelte sich erst ab dem frühen 18. Jahrhundert. Auch erste Gründungen von Champagnerhäusern datieren ab dieser Zeit. Viele der Champagnerfirmen verfügen über riesige Kelleranlagen, die zum Teil bereits in der Römerzeit vor rund 2000 Jahren in die Kreideböden gegraben wurden. Die wichtigsten Arbeitsschritte der »Méthode Champenoise« wurden jedoch erst im 19. Jahrhundert entwickelt. Es sind nur drei Rebsorten für den Anbau zulässig: der weiße Chardonnay und die blauen Pinot Noir und Pinot Meunier. Grundsätzlich besteht ein Champagner aus mehreren Weinen verschiedener Lagen und Jahrgänge (Ausnahme: Jahrgangschampagner), zusammengestellt zu einer »Cuvée«. Die in Flaschen gefüllten Weine erhalten zur Einleitung einer zweiten Gärung einen Zusatz aus altem Wein, Hefe und Zucker. Gelagert wird in Rüttelpulten. Nach mindestens 15 Monaten Lagerung in der Flasche können dann die Gärungsrückstände, die sich am Flaschenhals gebildet haben, entfernt werden. Dies geschieht mittels einer Gefrierlösung. Die fehlende Menge wird mit einem Zusatz aus Wein und Zucker ausgeglichen. Diese bestimmt den Charakter des Champagners. Von den jährlich etwa 300 Millionen hergestellten Flaschen tragen fast 99 % die Bezeichnung »Brut« (herb) mit einem Restzuckergehalt von weniger als 15 g pro Liter.

Louis Roederer

Zu den renommiertesten Champagner-Häusern zählt zweifelsohne das 1776 gegründete Privatunternehmen Louis Roederer in Reims. Roederer verfügt über 180 ha eigene Weinberge, darunter 130 ha mit 100% Bewertung. Etwa drei Millionen Flaschen werden jährlich produziert. Die Hauptmarke ist der Brut Premier, äußerst limitiert ist die Spitzencuvée »Cristal« erhältlich. Roederer Cristal, 1876 erstmals für den russischen Zarenhof hergestellt, ist eine der berühmtesten Champagner-Marken und ein Symbol für höchste Qualität.

LOUIS ROEDERER BRUT PREMIER Die Cuvée Brut Premier besteht aus den drei Rebsorten der Champagne und über vierzig Weinen verschiedener Jahrgänge. Die Cuvée reift etwa drei Jahre auf der Flasche, also weit länger als vorgeschrieben.

LOUIS ROEDERER ROSE JAHRGANG Enthält 70% Pinot Noir und 30% Chardonnay eines Jahrgangs und reift durchschnittlich vier Jahre.

LOUIS ROEDERER CRISTAL Diese Noble-Cuvée wird nur aus Weinen hervorragender Jahrgänge hergestellt. Er wird in kleinsten Mengen auch als Rosé angeboten.

WEITERE SORTEN sind Blanc de Blancs, Vintage und Carte Blanche. Der **BLANC DE BLANCS BRUT** mit Jahrgang wird zu 100% aus Chardonnay hergestellt und reift über fünf Jahre. **ROEDERER BRUT VINTAGE** (mit Jahrgang) wird aus 70% Pinot Noir- und 30% Chardonnay-Weinen eines Jahrgangs komponiert. Die Cuvée **CARTE BLANCHE** entsteht aus den drei Rebsorten und besitzt eine feine, zarte Süße.

Black Magic

2 cl Cointreau

5 cl kalter roter Traubensaft

8 cl kalter Champagner

rote Weintrauben

Zubereitung   In ein großes Stielglas einen Eiswürfel, Cointreau und kalten Traubensaft geben. Mit Champagner aufgießen, mit roten Trauben garnieren.

Pimm's Royal

Foto Seite 74

4 cl Pimm's
10 cl kalter Champagner
Zitronenschale, Gurkenschale,
1 Cocktailkirsche

Zubereitung In ein Longdrinkglas einige Eiswürfel geben. Den Pimm's dazugießen und mit Champagner auffüllen. Zitronenschale, Gurkenschale und Cocktailkirsche als Garnitur dazugeben.

Anmerkung *Der Pimm's ist ein Longdrinkklassiker und wird mit Ginger Beer, Ginger Ale oder Seven Up getrunken. Die edle Variante davon ist der Royal.*

Black Velvet

1 Teil kalter Champagner
1 Teil Guinness Stout

Zubereitung Den Champagner in ein Kelchglas gießen und mit Guinness Stout langsam auffüllen.

Anmerkung *Der Black Velvet ist das edelste Biermischgetränk und wird als Katerkiller geschätzt.*

Champagner Cocktail

1 Stück Würfelzucker
2 Spritzer Angostura
2 cl Cognac
10 cl kalter Champagner
½ Orangenscheibe und
1 Cocktailkirsche

Zubereitung In ein Kelchglas den Würfelzucker geben und mit Angostura tränken. Den Cognac und einen Eiswürfel dazugeben. Mit Champagner aufgießen. Die halbe Orangenscheibe und die Cocktailkirsche als Garnitur dazugeben.

Beauty Orange

6 cl frisch gepresster Orangensaft
2 cl Cointreau
8 cl kalter Champagner
½ Orangenscheibe

Zubereitung Orangensaft und Cointreau im Shaker mit Eiswürfeln kräftig schütteln und in ein Kelchglas gießen. Mit Champagner auffüllen und eine halbe Orangenscheibe als Garnitur dazugeben.

Bellini
links im Foto

1 weißer Pfirsich
kalter Champagner

Zubereitung Den Pfirsich schälen, entkernen und das Fruchtfleisch pürieren. Das Pfirsichpüree in ein Kelchglas geben und unter leichtem Umrühren mit kaltem Champagner aufgießen.

Anmerkung *Im Feinkosthandel werden hervorragende fertige Fruchtpürees angeboten. Mit diesen kann man die oft nur schwer erhältlichen weißen Pfirsiche ersetzen und weitere Varianten versuchen.*

Kir Royal
rechts im Foto

1 cl Crème de Cassis
10 cl kalter Champagner

Zubereitung Crème de Cassis in ein Kelchglas geben und mit kaltem Champagner aufgießen.

Anmerkung *Der Kir Royal ist die prickelnde Variante des original Kir, der mit weißem Burgunder zubereitet wird (S. 107).*

Cocktails mit großen Marken

Die Welt der Spirituosen und Liköre bietet eine unglaubliche Vielfalt. Neben den Klassikern werden viele vor Jahrzehnten bei uns noch unbekannte Früchte mittlerweile auch zum Likör veredelt angeboten. Auch die nun erhältlichen Sirupe, Früchte, Fruchtsäfte und Limonaden erweiterten die Möglichkeiten beim Mixen um ein Vielfaches.

Große Marken

In den vorangegangenen Kapiteln wurden die großen Spirituosen vorgestellt. Diese destillierten Spirituosen bilden das Rückgrat der Mixrezepte und werden dann mit Likören, Säften und Sirupen zu Cocktails oder Mixgetränken. Die großen Klassiker darunter bestehen häufig nur aus zwei oder drei flüssigen Zutaten. Sie wurden weltberühmt und haben oft seit ihrer Entstehung keine oder nur geringe Veränderungen erfahren. Die Einfachheit lag damals auch im geringeren Angebot begründet, und erst die Entwicklung vieler neuer Liköre, Sirupe, Fruchtsäfte und Limonaden, sowie die mittlerweile zu jeder Jahreszeit erhältlichen Früchte schufen die heutige Rezeptinflation. Doch besucht man eine Bar, dann wird man feststellen, dass vor allem die Klassiker und nur wenige Newcomer das Angebot beherrschen. Einige der »neuen« Klassiker wie Piña Colada und Caipirinha konnte man bei uns lange nicht mixen, weil es an den Zutaten fehlte. Diese haben heute ihren Platz unter den großen Drinks durchaus verdient und sich erfolgreich eingefügt. Bis in die 1960er-Jahre wurde noch viel weniger mit Wodka oder Rum gemixt. Erst dann ging es aufwärts, und es folgten später Tequila und Cachaça. Auch die Vielfalt der Liköre wuchs erst Ende der 1970er-Jahre. Ein Meilenstein dafür war 1978 das berühmte Cassis-Urteil des Europäischen Gerichtshofs. Dieser entschied, dass Produkte anderer Mitgliedsländer der damaligen EG, auch wenn sie nicht den deutschen Bestimmungen entsprachen, zur Einfuhr zugelassen werden mussten. Damit war der Weg frei für den Cassis und die Creamliköre. Auch neuartige Liköre aus Melonen, Pfirsichen, Maracujas, Kokos und Erdbeeren erweiterten ab dieser Zeit das Angebot der klassischen Liköre.

Im Grunde genügen beim Mixen die drei wichtigsten Komponenten, nämlich Spirituose/süß/sauer. Das ausgewogene Verhältnis ist die eigentliche Kunst beim Mixen, nicht das »Töten« einer Spirituose mit drei Sirupen und fünf Fruchtsäften.

Bekannte Marken

AMARULA ist einer der bekanntesten Cream-liköre und stammt aus Südafrika. Seine alkoholische Basis ist ein Obstbrand aus Amarulafrüchten.

COINTREAU Dieser klare Orangenlikör kommt aus dem französischen Anjou-Städtchen Angers und ist weltweit die führende Marke. Zum Mixen ist er unentbehrlich, und viele große Cocktail-Klassiker wurden mit ihm entwickelt.

PITÚ wurde bereits in den 1950er-Jahren nach Deutschland importiert. Er ist bei uns die bekannteste Cachaça-Marke (Cachaça ist eine brasilianische Zuckerrohrspirituose – aber kein Rum), und mit ihr begann in den 1990er-Jahren der große Erfolg des Caipirinha.

SOUTHERN COMFORT – »The Grand Old Drink of the South« – ist die größte und älteste Likörmarke der USA. Ihr Ursprung geht auf einen Bartender namens Martin Heron zurück, der 1874 in New Orleans versuchte, mit Früchten und Gewürzen den damals noch rauen Whiskey zu entschärfen. Heute ist der wenig süße, aromatische Likör mit seiner leichten Pfirsichnote ein fester Bestandteil in allen Bars der Welt.

Pisco Tonto

4 halbe Orangenscheiben

1 geviertelte Limette

6 cl Pisco

2 Barlöffel brauner Rohrzucker

Zubereitung In einem großen Tumbler die Orangenscheiben und die Limettenviertel mit einem Holzstößel ausdrücken. Pisco und Rohrzucker dazugeben und mit einem Barlöffel gut vermischen. Das Glas mit grob zerschlagenen Eiswürfeln füllen und nochmals vermischen.

Caipirinha

Foto Seite 84

1 Limette

6 cl Cachaça

2 Barlöffel weißer, ersatzweise brauner Rohrzucker

Zubereitung Die Limette in acht Teile zerschneiden und in einem großen Tumbler mit einem Holzstößel ausdrücken. Cachaça und Rohrzucker dazugeben und mit einem Barlöffel vermischen. Das Glas mit Eiswürfeln oder grob zerschlagenen Eisstücken füllen und nochmals gut vermischen.

Anmerkung Der Caipirinha ist seit den 1990er-Jahren einer der beliebtesten Mixdrinks. Obwohl bereits seit den 1950er-Jahren Cachaça der Marke Pitú importiert wurde, setzte sein Siegeszug erst mit der ständigen Verfügbarkeit der Limetten ein.

Batida de Mel

1 Limette

6 cl Cachaça

6 cl Rose's Lime Juice

1 Barlöffel Honig

Zubereitung Die Limette in acht Teile zerschneiden und in einem großen Tumbler mit einem Holzstößel ausdrücken. Cachaça, Rose's Lime Juice und Honig dazugeben und mit einem Barlöffel vermischen. Das Glas mit Eiswürfeln oder grob zerschlagenen Eisstücken füllen und alles nochmals gut vermischen.

Hot Caipi

1 Limette
3 Esslöffel brauner Rohrzucker
heißes Wasser
6 cl Cachaça

Zubereitung Die Limette in acht Teile zerschneiden und in einen Becher oder ein dickwandiges Glas geben. Mit einem Holzstößel die Limettenstücke ausdrücken und den Rohrzucker darüberstreuen. In einem kleinen Topf genügend (etwa ⅛ Liter) Wasser erhitzen und in den Becher geben. Den Cachaça dazugießen und mit einem langen Löffel umrühren.

Pisco Sour

5 cl Pisco
3 cl Zitronensaft
2 cl Zuckersirup
½ Orangenscheibe und
1 Cocktailkirsche

Zubereitung Pisco, Zitronensaft und Zuckersirup im Shaker mit Eiswürfeln kräftig schütteln und in ein kleines Stielglas oder in einen kleinen Tumbler auf einige Eiswürfel abgießen. Eine halbe Orangenscheibe und eine Cocktailkirsche als Garnitur dazugeben.

Americano

3 cl Campari
3 cl Vermouth Rosso
kaltes Sodawasser
Orangen- und Zitronenschale

Zubereitung   In ein Longdrinkglas einige Eiswürfel geben. Campari und Vermouth Rosso dazugeben und mit kaltem Sodawasser auffüllen. Mit Orangen- und Zitronenschale abspritzen und diese als Garnitur dazugeben.

Anmerkung   *Gibt man etwas Gin dazu, erhält man einen Negroni. Dieser kann auch ohne Sodawasser gemixt werden.*

Twisting Aperol
links im Foto

Kumquats
4 cl Aperol
kalter Prosecco

Zubereitung Einige Kumquats von allen Seiten mit einem Cocktailspieß mehrmals einstechen und mit dem Aperol in ein Stielglas geben. Mit Prosecco auffüllen.

Vermouth-Cassis
rechts im Foto

4 cl Vermouth Dry
2 cl Crème de Cassis
kaltes Sodawasser
Zitronenschale

Zubereitung In ein Longdrinkglas einige Eiswürfel geben. Vermouth Dry und Crème de Cassis dazugeben und mit kaltem Sodawasser aufgießen. Mit einem Barlöffel leicht umrühren. Mit einer Zitronenschale abspritzen und als Garnitur dazugeben.

Sommertraum

3 cl Himbeergeist

1 cl Grenadine

kaltes Bitter Lemon

einige Himbeeren

Zubereitung   In ein Longdrinkglas einige Eiswürfel geben. Himbeergeist und Grenadine dazugeben und mit kaltem Bitter Lemon aufgießen. Mit einem Barlöffel gut verrühren und einige Himbeeren als Garnitur dazugeben.

Comfort Sour

5 cl Southern Comfort

3 cl Zitronensaft

1 cl Zuckersirup

½ Orangenscheibe und
1 Cocktailkirsche

Zubereitung Im Shaker mit Eiswürfeln gut schütteln und in ein Stielglas abseihen. Einen Spieß mit einer halben Orangenscheibe und einer Cocktailkirsche über den Glasrand legen.

Southern Trip

4 cl Southern Comfort

4 cl Orangensaft

ca. 10 cl kalter Champagner oder Sekt

½ Orangenscheibe

Zubereitung Southern Comfort und Orangensaft in ein großes Longdrinkglas mit Eiswürfeln gießen und mit Champagner oder Sekt auffüllen. Eine halbe Orangenscheibe dazugeben.

Swiss Shake

2 cl Kirschwasser

4 cl Schokoladenlikör

4 cl Sahne

Schokoladenflocken

Zubereitung Kirschwasser, Schokoladenlikör und Sahne im Shaker mit Eiswürfeln kräftig schütteln und in eine Cocktailschale abgießen. Mit Schokoladenflocken dekorativ bestreuen.

Tomate

4 cl Pernod oder Pastis

1 cl Grenadine

eiskaltes Wasser

Zubereitung Pernod oder Pastis und Grenadine in ein mit Eiswürfeln gefülltes Longdrinkglas geben. Mit klarem, eiskaltem Wasser auffüllen und mit einem Barlöffel umrühren.

Anmerkung *Verwendet man anstelle der Grenadine Pfefferminzsirup, dann nennt sich der Drink Perroquet, mit Mandelsirup wird es ein Mauresque.*

Big Apple

2 cl Calvados
3 cl Vermouth Dry
2 cl Pfirsichlikör
Miniapfel aus der Dose

Zubereitung Calvados, Vermouth Dry und Pfirsichlikör im Rührglas mit Eiswürfeln gut verrühren und in ein vorgekühltes Cocktailglas abgießen. Einen Miniapfel dekorativ an den Glasrand stecken.

Rose
links im Foto

3 cl Kirschwasser

3 cl Vermouth Dry

1 Barlöffel Grenadine

1 Cocktailkirsche

Zubereitung Kirschwasser, Vermouth Dry und Grenadine im Rührglas mit Eiswürfeln gut verrühren und in ein vorgekühltes Cocktailglas abgießen. Eine Cocktailkirsche als Garnitur dazugeben.

Cassis Lady
rechts im Foto

3 cl Crème de Cassis

1½ cl Kirschwasser

1½ cl Vermouth Dry

Orangenschalenspirale

Zubereitung Crème de Cassis, Kirschwasser und Vermouth Dry im Rührglas mit Eiswürfeln gut verrühren und in ein vorgekühltes Cocktailglas abgießen. Eine dünne Orangenschalenspirale als Garnitur dazugeben.

Amaretto Cooler
links im Foto

6 cl Amaretto

6 cl Cranberrynektar

6 cl frisch gepresster Orangensaft

½ Orangenscheibe

Zubereitung Amaretto, Cranberrynektar und Orangensaft mit Eiswürfeln im Shaker kräftig schütteln und in ein großes Glas auf Crushed Ice abgießen. Eine Orangenscheibe als Garnitur dazugeben.

Italian Surfer
rechts im Foto

3 cl Amaretto

3 cl Brandy

12 cl Ananassaft

1 Stück Ananas

Zubereitung Amaretto, Brandy und Ananassaft mit Eiswürfeln im Shaker kräftig schütteln und in ein großes Glas auf Crushed Ice abgießen. Ein Ananasstück als Garnitur dazugeben.

Jack Rose

4 cl Calvados
2 cl Zitronensaft
1 cl Grenadine
Zitronenschalenspirale

Zubereitung Calvados, Zitronensaft und Grenadine mit Eiswürfeln im Shaker kräftig schütteln und in eine Cocktailschale abgießen. Mit einer dünnen Zitronenschalenspirale garnieren.

Peach Cocktail

4 cl Pfirsichlikör
2 cl Vermouth Dry
½ cl Grenadine
1 Stück Pfirsich

Zubereitung Pfirsichlikör, Vermouth Dry und Grenadine mit Eiswürfeln im Cocktailshaker kräftig schütteln und in ein Cocktailglas abgießen. Mit einem Pfirsichstück garnieren.

Bentley

3 cl Calvados
3 cl Dubonnet Rouge
Zitronenschalenspirale

Zubereitung Calvados und Dubonnet Rouge im Rührglas mit Eiswürfeln gut verrühren und in ein vorgekühltes Cocktailglas abgießen. Eine dünne Zitronenschalenspirale als Garnitur dazugeben.

Kir

1 cl Crème de Cassis
10 cl kalter trockener Weißwein
(vorzugsweise Burgunder)

Zubereitung Crème de Cassis in ein Kelchglas geben und mit dem kalten Weißwein aufgießen.

Anmerkung *Die prickelnde Variante ist der Kir Royal, der mit Champagner oder trockenem Sekt aufgefüllt wird (siehe Seite 83).*

Cointreau-politan

5 cl Cointreau
2 cl Limettensaft
1 cl Cranberrynektar
Orangenschalenspirale

Zubereitung Cointreau, Limettensaft und Cranberrynektar mit Eiswürfeln im Shaker kräftig schütteln und in ein Cocktailglas abgießen. Mit einer dünnen Orangenschalenspirale garnieren.

Anmerkung *Dies ist eine Version des Cosmopolitan, der durch die US-Fernsehserie »Sex in the City« berühmt wurde.*

Midori Sour
links im Foto

5 cl Midori Melon Liqueur
3 cl Zitronensaft
2 cl Rose's Lime Juice
1 Cocktailkirsche

Zubereitung Midori Melon Liqueur, Zitronensaft und Rose's Lime Juice im Shaker mit Eiswürfeln kräftig schütteln und in ein kleines Stielglas oder in einen kleinen Tumbler auf einige Eiswürfel abgießen. Eine Cocktailkirsche als Garnitur dazugeben.

Green Sex Machine
rechts im Foto

4 cl Midori Melon Liqueur
2 cl Rose's Lime Juice
kalter Sekt
Melonenstücke, Cocktailkirschen,
1 Minzezweig

Zubereitung Midori Melon Liqueur und Rose's Lime Juice mit Eiswürfeln in ein großes Glas geben und mit Sekt aufgießen. Als Garnitur einen Spieß mit Melonenstücken und Cocktailkirschen über den Glasrand legen und einen Minzezweig dazugeben.

Apricot Sour

4 cl Apricot Brandy

2 cl Zitronensaft

4 cl frisch gepresster Orangensaft

½ Orangenscheibe und 1 Cocktailkirsche

Zubereitung Apricot Brandy, Zitronen- und Orangensaft im Shaker mit Eiswürfeln kräftig schütteln und in ein kleines Stielglas oder in einen kleinen Tumbler auf einige Eiswürfel abgießen. Eine halbe Orangenscheibe und eine Cocktailkirsche als Garnitur dazugeben.

TECO

3 cl Southern Comfort

3 cl Tequila

ca. 14 cl Orangensaft

½ Orangenscheibe

Zubereitung Ein Longdrinkglas mit einigen Eiswürfeln füllen. Southern Comfort, Tequila und Orangensaft dazugießen. Gut umrühren, einen Stirrer (Rührstab) und eine halbe Orangenscheibe dazugeben.

Cointreau Fiesta

2 cl Cointreau
1 cl Crème de Banane
kalter Sekt
Orangenschale

Zubereitung In einen Sektkelch einen Eiswürfel, Cointreau und Crème de Banane geben. Mit kaltem Sekt aufgießen. Mit einer Orangenschale abspritzen und diese als Garnitur dazugeben.

Velvet Hammer

3 cl Cointreau
3 cl Kaffeelikör
3 cl Sahne
Kaffeepulver

Zubereitung Cointreau, Kaffeelikör und Sahne mit Eiswürfeln im Shaker kräftig schütteln und in eine Cocktailschale abgießen. Mit etwas Kaffeepulver dekorativ bestreuen.

Grasshopper

3 cl Crème de Menthe grün

3 cl Crème de Cacao weiß

3 cl Sahne

1 Minzezweig

Zubereitung   Crème de Menthe, Crème de Cacao und Sahne mit Eiswürfeln im Shaker kräftig schütteln und in eine Cocktailschale abgießen. Mit einem Minzezweig garnieren.

Anmerkung   *Der Grasshopper ist nach dem Brandy Alexander der berühmteste Sahnedrink. Beide sind Klassiker und werden in vielen Varianten gemixt. Bekannt ist auch der Coffee Grasshopper, der mit Crème de Menthe weiß und Kaffeelikör gemixt wird.*

Passoã Exclusita
links im Foto

3 cl Passoã Maracuja Liqueur

3 cl Cointreau

12 cl frisch gepresster Orangensaft

1 Erdbeere

Zubereitung Passoã Maracuja Liqueur, Cointreau und Orangensaft mit Eiswürfeln im Shaker kräftig schütteln und in ein Longdrinkglas auf Crushed Ice abgießen. Mit einer ganzen Erdbeere garnieren.

Scarlett O'Hara
rechts im Foto

5 cl Southern Comfort

2 cl Limettensaft

5 cl Cranberrynektar

Limettenschale

Zubereitung Southern Comfort, Limettensaft und Cranberrynektar mit Eiswürfeln im Shaker kräftig schütteln und in eine Cocktailschale abgießen. Mit einer Limettenschale garnieren.

Anmerkung *Vivian Leigh, die Scarlett in dem Südstaatenepos »Gone with the Wind«, hatte ein Faible für diesen Drink.*

Amarula Star

4 cl Amarula Fruit Cream Liqueur
1½ cl Amaretto
2 cl Bourbon Whiskey
1 Prise Kakaopulver

Zubereitung Amarula Fruit Cream Liqueur, Amaretto und Bourbon Whiskey mit Eiswürfeln im Shaker kräftig schütteln und in ein Cocktailglas abgießen. Mit einer Prise Kakaopulver dekorativ bestreuen.

African Swing

3 cl Amarula Fruit Cream Liqueur
3 cl Wodka
5 cl frisch gepresster Orangensaft
1 große Orangenzeste

Zubereitung Amarula Fruit Cream Liqueur, Wodka und Orangensaft mit einigen Eiswürfeln im Shaker kräftig schütteln und in ein großes Becherglas auf grob zerschlagene Eiswürfel abgießen. Die Orangenzeste darüber ausdrücken und diese als Garnitur dazugeben.

Golden Eye

3 cl Amarula Fruit Cream Liqueur

3 cl Kirschwasser

1½ cl Crème de Banane

1 Bananenscheibe und
1 Cocktailkirsche

Zubereitung   Amarula Fruit Cream Liqueur, Kirschwasser und Crème de Banane mit Eiswürfeln im Shaker kräftig schütteln und in ein Cocktailglas abgießen. Mit Bananenscheibe und Cocktailkirsche garnieren.

Cherry Banana

4 cl Cherry Brandy

2 cl Crème de Banane

4 cl Sahne

Bananenscheiben und
1 Cocktailkirsche

Zubereitung   Cherry Brandy, Crème de Banane und Sahne mit Eiswürfeln im Shaker kräftig schütteln und in ein Cocktailglas abgießen. Einen Spieß mit Bananenscheiben und einer Cocktailkirsche dekorativ über den Glasrand legen.

Brasil Tropical
links im Foto

6 cl Batida de Côco
10 cl Grapefruitsaft
2 cl Erdbeersirup
1 Erdbeere

Zubereitung Batida de Côco, Grapefruitsaft und Erdbeersirup mit Eiswürfeln im Shaker kräftig schütteln und in ein Longdrinkglas auf einige Eiswürfel abgießen. Eine Erdbeere dekorativ an den Glasrand stecken.

Lunatico
rechts im Foto

1 Kiwi
6 cl Batida de Côco
8 cl Maracujanektar

Zubereitung Von der Kiwi eine Scheibe aus der Mitte abschneiden und zur Seite legen. Den Rest der Frucht schälen, zusammen mit Batida de Côco und Maracujanektar im Elektromixer durchmixen. Ein großes Glas mit Crushed Ice füllen und die Mischung dazugießen. Die Kiwischeibe an den Glasrand stecken.

Batida Sunrise

4 cl Batida de Côco

12 cl Ananassaft

2 cl Kirschlikör

1 Cocktailkirsche

Zubereitung Ein Longdrinkglas mit Crushed Ice füllen. Batida de Côco und Ananassaft dazugießen und gut umrühren. Darüber den Kirschlikör gießen und die Cocktailkirsche als Garnitur dazugeben.

Island Breeze

6 cl Malibu Coconut Liqueur
8 cl Cranberrynektar
6 cl Grapefruitsaft
½ Orangenscheibe

Zubereitung Malibu Coconut Liqueur, Cranberrynektar und Grapefruitsaft mit Eiswürfeln im Shaker kräftig schütteln und in ein Longdrinkglas auf einige Eiswürfel abgießen. Eine halbe Orangenscheibe als Garnitur an den Glasrand stecken.

B 52

2 cl Kahlúa Coffee Liqueur
2 cl Baileys Irish Cream Liqueur
2 cl Grand Marnier

Zubereitung Die Liköre in Schichten in ein kleines Glas geben. Dazu zuerst den Kahlúa eingießen. Dann den Baileys und den Grand Marnier mithilfe eines Barlöffels vorsichtig dazugeben.

Anmerkung *Der B 52 wird in unzähligen Rezeptvarianten gemixt. Viele davon sind mit hochprozentigem Rum als oberste Schicht. Wichtig dabei ist, dass der »schwerste« Likör zuerst eingefüllt wird, und der zuletzt zugegebene Teil der »leichteste« ist.*

Comfort Manhattan

4 cl Southern Comfort

2 cl Vermouth Dry

1 Cocktailkirsche

Zubereitung Southern Comfort und Vermouth Dry im Barglas mit Eiswürfeln gut vermischen und in ein gekühltes Cocktailglas abseihen. Eine Cocktailkirsche dazugeben.

Comfort Everytime

4-6 cl Southern Comfort

kaltes Tonic Water, Cola, Seven up, Ginger Ale, Orangensaft oder Maracujanektar

Zubereitung In ein Longdrinkglas einige Eiswürfel und den Southern Comfort geben. Mit einer der genannten Limonaden oder mit Fruchtsaft auffüllen, gut umrühren und einen Stirrer (Rührstab) dazugeben.

Pimm's No 1 Cup

5 cl Pimm's

kalte Zitronenlimonade »7 up«

je ½ Orangen- und Zitronenscheibe und 1 Cocktailkirsche

Zubereitung In ein großes Becherglas Eiswürfel und Pimm's geben. Mit der kalten, klaren Zitronenlimonade »7 up« auffüllen. Je eine halbe Orangen- und Zitronenscheibe und eine Cocktailkirsche dazugeben.

Anmerkung *Beim klassischen Rezept kommt auch noch je eine Gurken- und Apfelschale dazu.*

White Banana

3 cl Crème de Banane

3 cl Crème de Menthe weiß

3 cl Sahne

Zubereitung Crème de Banane, Crème de Menthe und Sahne mit Eiswürfeln im Shaker kräftig schütteln und in ein Cocktailglas abgießen.

Anmerkung *Diese interessante Kombination könnte man ohne Geschmacksveränderung auch mit der besser erhältlichen Crème de Menthe grün mixen. Dann ist der Drink jedoch nicht mehr »White«.*

Cocktailregister

African Swing 118
Amaretto Cooler 105
Amarula Star 118
Americano 93
Apricot Sour 112

B and B 61
Batida de Mel 90
Batida Sunrise 122
Beauty Orange 81
Bellini 83
Bentley 107
B 52 124
Big Apple 101
Bijou 17
 – Alaska
Black Magic 79
Black Velvet 80
Bloody Mary 32
Bonnie Prince Charlie 63
Brandy Alexander 58
Brasil Tropical 121
Bull Shot 32

Caipirinha 90
Caipirovka 28
Caruso 16
Cassis Lady 102
Champagner Cocktail 81
Chi-Chi 37
Cherry Banana 119
Cointreau Fiesta 113

Cointreaupolitan 109
Comfort Everytime 125
Comfort Manhattan 125
Comfort Sour 98
Cranberry Cooler 14
Cuba Libre 44

Daiquiri 45
 – Strawberry Daiquiri
 – Banana Daiquiri

El Diablo 51

Fireball 35

Gimlet 17
Gin Sour 19
 – Gin Fizz
 – Tom Collins
Gin Tonic 12
Golden Eye 119
Grasshopper 114
 – Coffee Grasshopper
Green Sex Machine 110

Harvey Wallbanger 29
Holiday 53
Horse's Neck 72
Hot Caipi 91
Hot Toddy 70

Irish Coffee 69
Island Breeze 124
Italian Surfer 105

Jack Rose 106

Kir 107
Kir Royal 83

Lunatico 121

Manhattan 71
 – Dry Manhattan
 – Perfect Manhattan
Margarita 52
Martini Cocktail 16
Melon Ball 36
Midori Sour 110
Mojito 42
Mont Blanc 61
Moscow Mule 28

Old Fashioned 70
Orange Passion 36

Paradise 20
Passoã Exclusita 117
Peach Cocktail 106
Pimm's No 1 Cup 126
Pimm's Royal 80
Piña Colada 44
Pisco Sour 91
Pisco Tonto 88
Port Cobbler 58

Rémy Cup 63
Rose 102
Rum Sour 45

Rusty Nail 71

Scarlett O'Hara 117
Screwdriver 29
Sidecar 60
Silver Jubilee 19
Sommertraum 97
Southern Trip 98
Stinger 60
Sweet Maria 37
Swiss Shake 99

TECO 112
Tequila Sunrise 52
Tomate 99
 – Perroquet
 – Mauresque
Twisting Aperol 94

Velvet Hammer 113
Vermouth-Cassis 94
Vesuvius 53

Whisky Sour 72
White Banana 126
White Lady 20
 – Blue Lady
White Russian 31
 – Black Russian
Woo Woo 26
 – Sex on the Beach

Impressum

Der Autor

FRANZ BRANDL ist der bekannteste Barmeister Deutschlands und der meistpublizierte Cocktail-Buchautor im deutschsprachigen Raum. Er eröffnete und leitete in München die »Harry's New York Bar« sowie Eckart Witzigmanns Bar im weltberühmten Drei-Sterne-Restaurant »Aubergine«. Sein erstes Buch, der 1982 erschienene »GOURMET MIX GUIDE«, gilt heute als Klassiker der Barliteratur. Mit über 25 Auflagen zählt sein erfolgreichstes Buch »COCKTAILS« zu den weltweit meistverkauften Cocktailbüchern. Im Jahr 2015 erschien seine Autobiografie mit dem Titel »DER BAR-MIXER – Erinnerungen an ein verrücktes Leben«.

Die „Gastronomische Akademie Deutschlands" zeichnete seine Bücher mit Silber- und Goldmedaillen aus und beim international renommiertesten Wettbewerb, dem »Gourmand World Cookbook Award«, erreichten mehrere seiner Werke den ersten Platz unter den deutschsprachigen Büchern.

© 2016 by Bassermann Verlag, einem Unternehmen der Verlagsgruppe Random House GmbH, Neumarkter Str. 28, 81673 München
© der Originalausgabe 2009 by Südwest Verlag, einem Unternehmen der Verlagsgruppe Random House GmbH, Neumarkter Str. 28, 81673 München

Jegliche Verwertung der Texte und Bilder, auch auszugsweise, ist ohne die Zustimmung des Verlags urheberrechtswidrig und strafbar.

Hinweis

Die Ratschläge in diesem Buch sind von Autor und Verlag sorgfältig erwogen und geprüft; dennoch kann eine Garantie nicht übernommen werden. Eine Haftung des Autors bzw. des Verlags und dessen Beauftragten für Personen-, Sach- und Vermögensschäden ist ausgeschlossen.
Der Verlag weist ausdrücklich darauf hin, dass im Text enthaltene externe Links vom Verlag nur bis zum Zeitpunkt der Buchveröffentlichung eingesehen werden konnten. Auf spätere Veränderungen hat der Verlag keinerlei Einfluss. Eine Haftung des Verlags ist daher ausgeschlossen.

Bildnachweis

Alle Cocktailfotos stammen von Reinhard Rohner Fotodesign, München. Titelbild: Stockfood, München (Lew Robertson)

Dank

Wir danken den Firmen Diversa Spezialitäten/Rheinberg www.diversa-spez.de und Schlumberger Vertriebsgesellschaft/Meckenheim www.schlumberger.de für die zur Verfügung gestellten Flaschenabbildungen und Informationen über diese Marken.

REDAKTIONSLEITUNG Susanne Kirstein
GESAMTPRODUCING, LAYOUT, DTP
v*büro – Jan-Dirk Hansen, München
REDAKTION FÜR DIESE AUSGABE Birte Schrader
SATZ DIESER AUSGABE Nadine Thiel, Baldham
KORREKTORAT Kerstin Windisch
UMSCHLAGGESTALTUNG Atelier Versen, Bad Aibling
REPRODUKTION Lorenz & Zeller, Inning a. A.
DRUCK UND VERARBEITUNG
Těšínská tiskárna, Český Těšín

Printed in the Czech Republic

Verlagsgruppe Random House FSC® N001967
ISBN 978-3-8094-3600-3
579084860109